PICT DOC

Les animaux menacés

Harriet Brundle

Illustré par Matt Rumbelow

Éditions Le Pommier

Mise en pages :
Natacha Kotlarevsky

Traduction :
Charlotte Grossetête

Isbn : 9782746516519

Titre original :
Endangered Animals Infographics

Pour l'édition française

170 bis boulevard du Montparnasse
75680 Paris cedex 14

PICT DOC

Les animaux menacés

Table des matières

Les mots soulignés sont expliqués dans le glossaire page 31.

Qui sont les animaux menacés ?

Chaque espèce animale est classée dans l'une de ces catégories :

Éteinte : il n'y a aucun animal vivant de cette espèce.
Exemple : le dodo

Éteinte à l'état sauvage : il ne reste aucun animal de cette espèce dans la nature. Tous les survivants se trouvent en captivité.
Exemple : l'oryx algazelle

En danger critique d'extinction : cette espèce court un risque très élevé d'extinction.
Exemple : le manchot du Cap

En danger : il ne reste plus que quelques animaux de cette espèce sur la planète, l'espèce est menacée d'une extinction prochaine.
Exemple : le gorille des montagnes

Vulnérable : cette espèce est menacée et sera bientôt en danger si sa situation ne s'améliore pas.
Exemple : l'ours polaire

Quasi-vulnérable : cette espèce risque d'être menacée à l'avenir.
Exemple : le jaguar

Préoccupation mineure : cette espèce n'est pas considérée comme menacée pour l'instant.
Exemple : le renard arctique

Les scientifiques mettent parfois du temps à établir qu'une espèce est éteinte. Il est donc possible que certaines espèces soient éteintes sans qu'on le sache.

L'UICN, Union Internationale pour la Conservation de la Nature, surveille les espèces en voie d'extinction.

La liste rouge de l'UICN est un tableau complet de la situation des espèces animales. Cette liste détaille aussi les facteurs qui entraînent les espèces vers leur extinction.

UICN

Qui est responsable ?

Le plus souvent, une espèce est mise en danger par des facteurs externes qui font diminuer sa population. Ces causes sont soit naturelles, soit liées aux activités des hommes.

On appelle habitat le lieu de vie d'une plante ou d'un animal. La plupart du temps, les causes ci-dessous détruisent les habitats naturels des animaux :

Causes naturelles :

feu

Innondation

catastrophe naturelle

maladie

Activités humaines :

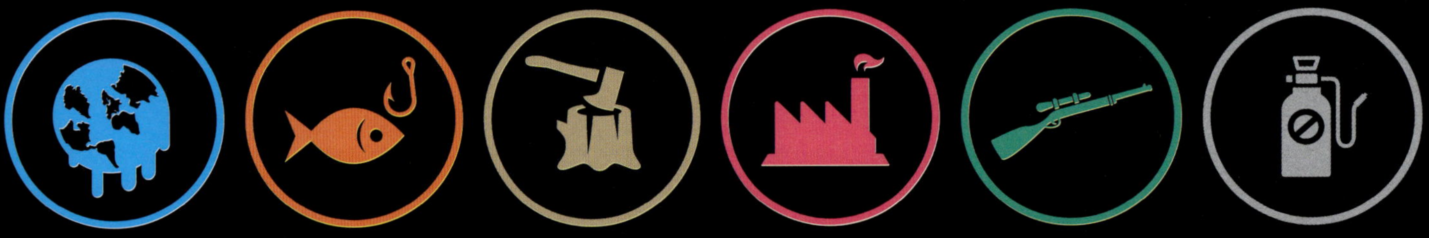

changement climatique

surpêche

déforestation

pollution

chasse

pesticides

Pour qu'il s'y sente bien, un habitat naturel doit offrir à un animal des ressources :

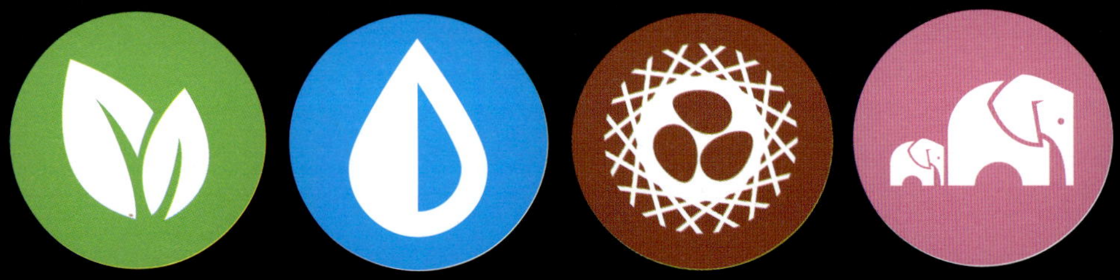

nourriture

eau

abri

sécurité pour élever les petits

Lorsqu'un habitat est endommagé, il peut devenir inhospitalier. Il y a alors un risque élevé de vulnérabilité ou d'extinction pour les espèces qui y vivent.

Tout habitat repose sur des chaînes alimentaires. Quand un maillon d'une chaîne alimentaire disparaît, les autres animaux de la chaîne sont en danger à leur tour.

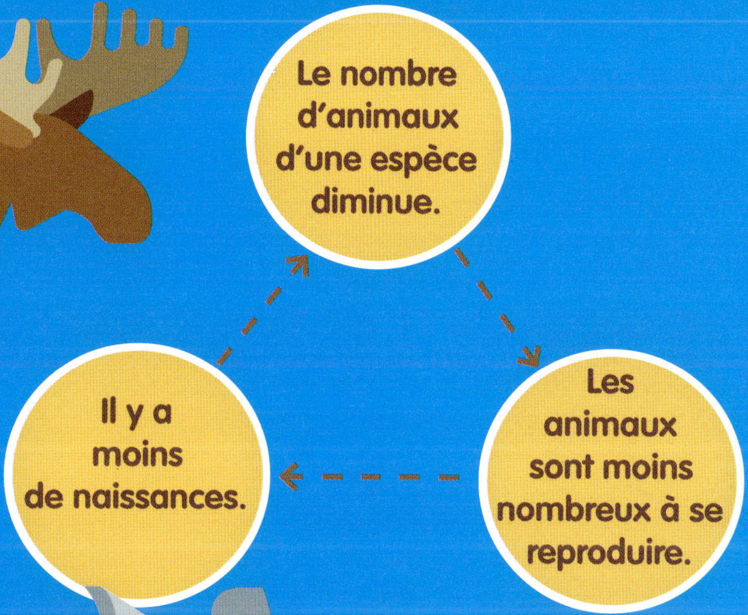

Il y a 60 ans, il y avait plus de 2 000 rhinocéros blancs du Nord dans le monde. 30 ans plus tard, il n'en reste qu'une quinzaine !

Aujourd'hui, l'espèce ne compte plus qu'un seul mâle.

Ce survivant est très suivi, on le protège et le dorlote.

Si cette page entière représentait la population du rhinocéros blanc du Nord dans les années 1950, sa population actuelle serait représentée par ce point. → .

Le changement climatique

Depuis sa naissance, il y a 4,5 milliards d'années, la Terre a connu successivement des climats tropicaux et des âges glaciaires.

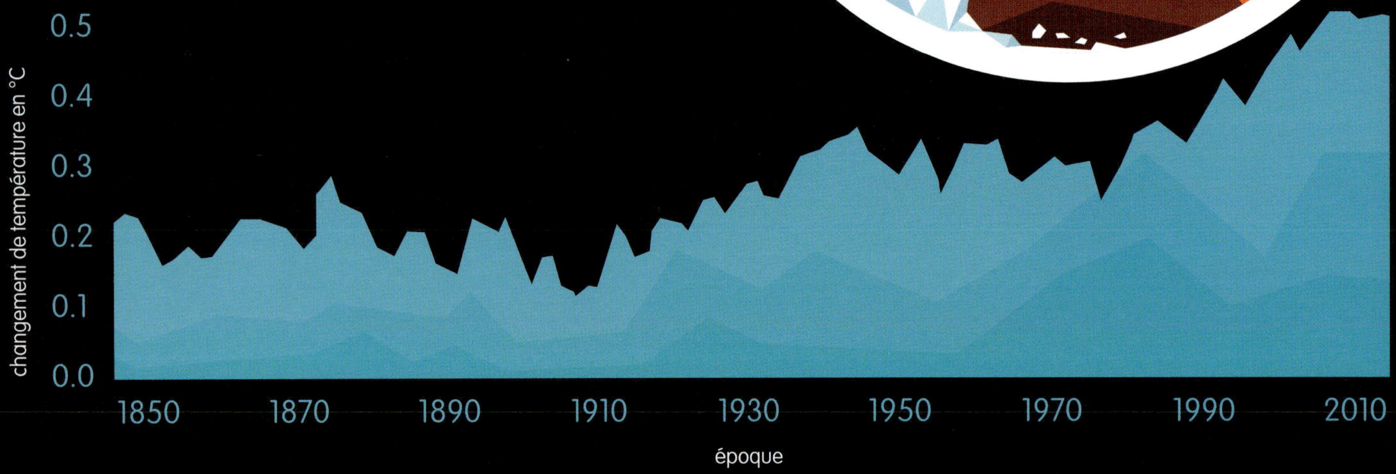

Depuis 11 000 ans, la température moyenne de la Terre est d'environ + 15°C.

Depuis le XIXe siècle, cette température est en hausse.

Un changement climatique est une transformation du climat sur le long terme. On le reconnaît à différents signes :

Un changement de la température moyenne sur plusieurs années

Un changement de la quantité de pluie qui tombe habituellement à un endroit donné en un an.

La plupart des scientifiques rendent les activités humaines responsables de la hausse actuelle de la température sur Terre. Mais ce n'est qu'une cause d'un phénomène bien plus large : le réchauffement climatique mondial.

Le réchauffement climatique

Les hommes consomment de l'énergie pour faire rouler leurs voitures ou pour chauffer leurs maisons. Ils utilisent des combustibles fossiles comme le charbon, l'essence et le gaz naturel,qui émettent des gaz à effet de serre.

L'atmosphère terrestre, c'est l'ensemble des gaz qui enveloppent notre planète. La chaleur du soleil traverse ces gaz pour atteindre la Terre. Une partie de cette chaleur rebondit sur notre planète et retourne dans l'espace en traversant à nouveau l'atmosphère.

Les gaz à effet de serre rejoignent l'atmosphère, mais ne laissent pas passer la chaleur du soleil, qui se trouve alors piégée sur la Terre. Résultat, la température de la planète augmente.

Ce réchauffement a des conséquences sur tous les habitats du monde.

Autres effets du changement climatique

On pense que ce changement crée des phénomènes climatiques extrêmes qui menacent les habitats naturels.

Sous l'effet du réchauffement, la banquise des régions polaires commence à fondre. Les animaux ont moins d'espace pour vivre, chasser et élever leurs petits. Cela peut entraîner l'extinction progressive des espèces polaires comme les ours blancs.

La fonte des glaciers, entre autres, fait monter le niveau de la mer. Les animaux qui pondent leurs œufs ou qui mettent leurs petits au monde sur les plages, auront du mal à se reproduire s'ils ne trouvent plus de lieu pour donner naissance à leurs petits, leurs espèces seront alors en danger.

La pollution

La pollution est l'introduction d'un produit nocif dans un environnement.
Il existe différentes sortes de pollution, qui touchent l'air, l'eau et le sol.

La pollution est causée par les activités humaines ou les phénomènes naturels ; l'air peut être pollué par les gaz d'échappement comme par une éruption volcanique.

Quand on jette des produits chimiques toxiques dans les rivières, les poissons et les plantes aquatiques en souffrent. Les plantes peuvent en mourir, privant ainsi les animaux de la rivière et ceux qui vivent autour, de nourriture.
Les animaux peuvent même disparaître très rapidement si les produits sont très toxiques.

Les produits chimiques rejetés dans la rivière se diffusent ensuite dans les sols alentour, abîmant les plantes, détruisant les habitats, et affamant de nombreux animaux.

Les produits chimiques peuvent aussi envahir l'air et empoisonner les animaux qui le respirent.

Les animaux marins sont très touchés par la pollution. Les marées noires et les déchets déversés dans les océans ont tué un grand nombre d'entre eux.

Le pétrole répandu lors d'une marée noire flotte à la surface de l'océan parce qu'il est plus léger que l'eau. Il forme une couche très fine et très étendue, pratiquement impossible à récolter.

Le pétrole colle les plumes des oiseaux, les empêchant de voler.

Il rend aveugles certains animaux. S'il est avalé, il est nocif voire mortel.

Impact

La pollution tue chaque année plus d'un million d'oiseaux marins et plus de 100 000 mammifères marins.

Aujourd'hui, il ne reste plus que 500 tortues marines de Kemp. Elles sont maintenant classées «animaux en danger critique d'extinction».

Il ne reste dans la nature qu'environ 2 000 albatros à queue courte. Ils confondent souvent le plastique avec du poisson, l'avalent et en meurent. Cette espèce est considérée comme vulnérable.

Les animaux avalent du plastique en le prenant pour de la nourriture, ils s'emmêlent aussi la tête, les pattes ou le bec dans des bouts de plastique et pris au piège, ne peuvent plus ni bouger ni manger.

La pollution de l'air par les activités humaines contribue au réchauffement climatique mondial.

La déforestation

C'est l'action de détruire une forêt. Les hommes pratiquent la déforestation pour de nombreuses raisons :

vendre les arbres pour leur bois

installer des terres cultivables

construire des habitations humaines

exploiter des mines

Ces dernières années, le Nigeria, les Philippines et le Ghana ont subi une déforestation massive.

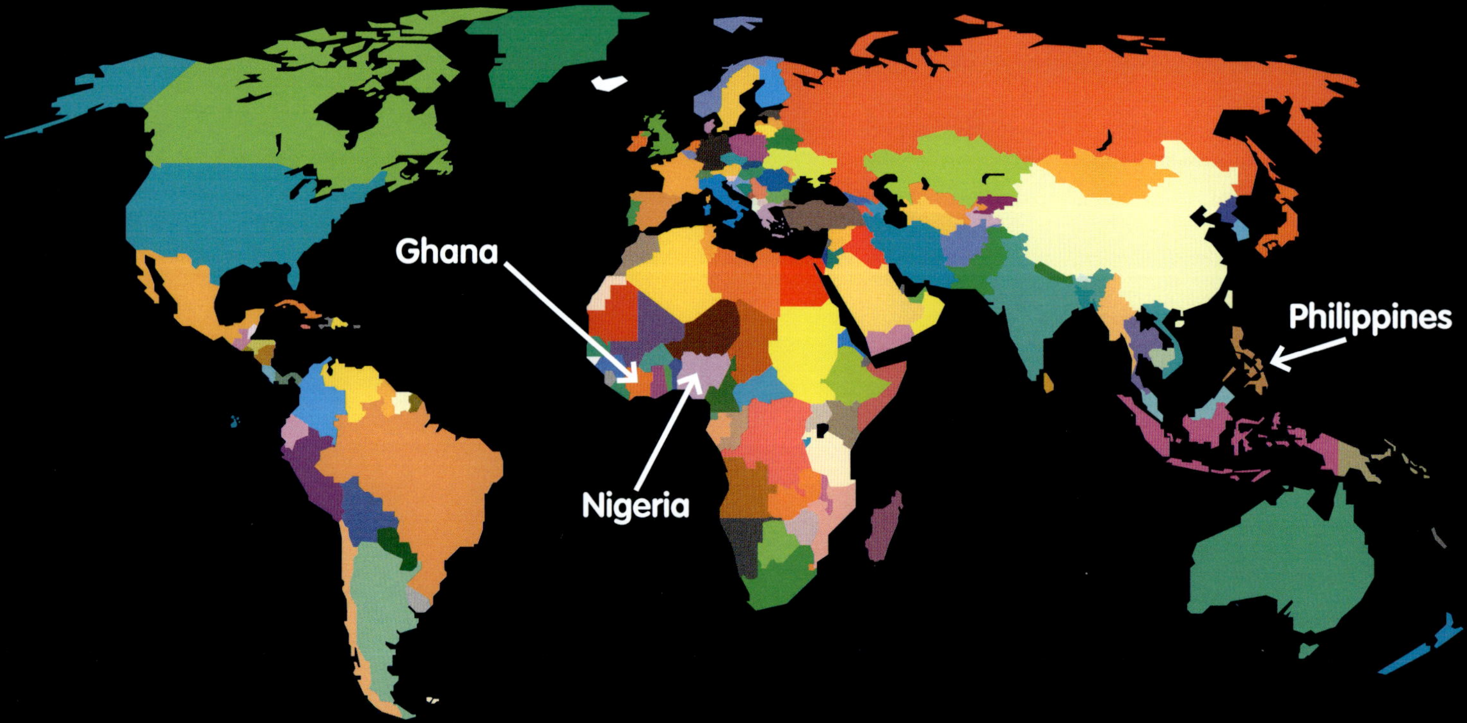

L'orang-outan de Sumatra vit dans les branches des forêts tropicales de Sumatra, en Indonésie.

Son habitat forestier a été réduit de 60% entre 1985 et 2007.

Cette espèce est en danger critique d'extinction.

Si la déforestation continue, la forêt tropicale de Sumatra aura disparu d'ici 20 ans.

Si la forêt disparaît, les tigres, les éléphants et les rhinocéros, seront eux aussi privés d'habitat et menacés.

Le tigre du Bengale vit dans les forêts tropicales d'Asie.

Il fait partie des espèces menacées.

Son territoire naturel a diminué de 41% au cours des dernières années.

Repoussés dans des zones de plus en plus petites, les tigres sont de moins en moins nombreux.

La forêt d'Amazonie, en Amérique du Sud, est la plus vaste forêt tropicale du monde. Au cours des dernières années, elle a subi une déforestation extrêmement importante.

L'Amazonie abrite environ 10% des espèces animales du monde.

Depuis 40 ans, la surface détruite par la déforestation équivaut à celle de la France.

Résultat : des milliers d'animaux, parmi lesquels les jaguars, les aras et les paresseux, sont menacés.

La chasse et le braconnage

La chasse consiste à capturer et à tuer des animaux sauvages. Il y a deux types de chasse :

1 CHASSE

Prendre au piège et tuer des animaux qui ne sont pas en danger. On classe aussi dans cette catégorie la pêche qui permet aux hommes de se nourrir.

2 BRACONNAGE

Massacre illégal d'espèces menacées, dans le but de vendre leur peau ou certaines parties de leur corps. En Asie les tigres sont recherchés car leurs organes sont des ingrédients des remèdes traditionnels. Leur pelage est aussi apprécié pour la décoration.

De nombreuses sous-espèces de tortue luth sont en danger critique d'extinction. Malgré cela, on braconne toujours ces tortues par milliers pour leurs œufs et leur carapace.

LE BRACONNAGE EST AUJOURD'HUI ILLÉGAL DANS TOUS LES PAYS D'AFRIQUE.

Les rhinocéros sont braconnés pour leurs cornes. En Chine et au Viêtnam, on les utilise dans la médecine traditionnelle. Depuis 2008, près de 6 000 spécimens ont été tués. Les populations de rhinocéros sont durement touchées par cette chasse illégale.

Les cornes du rhinocéros sont faites de kératine, comme les cheveux et les ongles humains. Certaines personnes les utilisent pour fabriquer des remèdes alors qu'elles n'ont, d'après les scientifiques, aucune valeur médicale.

En 2011, plus de 23 tonnes d'ivoire ont été illégalement prélevées sur les éléphants pour être vendues. Pour obtenir une quantité pareille, il a fallu blesser ou tuer au moins 2 500 éléphants.

Cette image ne représente que 10% des éléphants braconnés en 2011.

La surpêche

Lorsqu'on pêche trop de poissons en mer et que la reproduction naturelle ne suffit pas à les remplacer, on parle de surpêche.

Deux raisons principales :

90% de disparus

Depuis 55 ans, les hommes ont tué environ 90% des grands prédateurs de l'océan, comme les requins, les espadons et les thons. Ces populations devenant moins nombreuses, les pêcheurs attrapent des espèces plus petites, dont le nombre diminue lui aussi beaucoup.

1 La population humaine a augmenté, la demande en poisson a donc augmenté aussi, et la quantité de poisson pêché également.

2 À cause de la pêche illégale, trop de poissons ont disparu des océans.

Les pêcheurs raclent parfois les fonds océaniques avec de larges filets. Cela détruit de vastes étendues d'habitat marin, en particulier les coraux.

Le thon, très recherché, fait l'objet d'une pêche intensive, légale et illégale.

3 espèces de thons sur 8 sont en voie de disparition et on pense que 2 autres seront bientôt en danger critique d'extinction.

Depuis 40 ans, le nombre de thons rouges de l'Atlantique a diminué de plus de 50%.

Le thon rouge du sud est classé parmi les espèces en danger critique d'extinction. Si on continue à le pêcher au même rythme, dans 100 ans il en restera moins de 100.

Lorsqu'ils sont usés, les filets de pêche sont souvent jetés dans l'océan. Des animaux se font piéger entre leurs mailles et finissent par mourir de faim.

Un thon rouge de l'Atlantique peut peser jusqu'à 380 kg. C'est à peu près

80 fois le poids d'un chat !

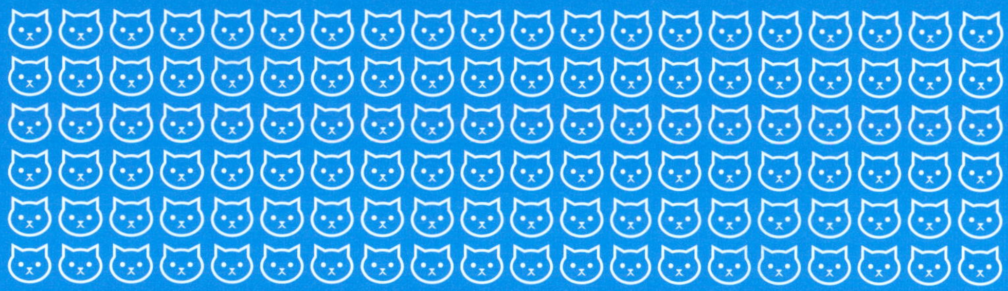

Les catastrophes naturelles

Phénomène naturel qui cause de grands ravages et souvent beaucoup de décès. Par exemple des tremblements de terre, des <u>feux de forêt</u> et des inondations.

Les catastrophes naturelles tuent beaucoup d'animaux et détruisent leurs habitats ; les survivants doivent s'installer ailleurs.

Une inondation peut noyer des animaux ou faire disparaître de grandes surfaces d'habitat en très peu de temps.

En Australie, d'impressionnantes inondations ont tué des foules de wallabys, de bandicoots et de souris. Elles ont aussi envahi de larges étendues de leurs habitats, noyant les plantes dont ils se nourrissaient.

Les feux de forêts s'étendent très rapidement, surtout par grand vent. Ils détruisent d'immenses surfaces d'habitat et peuvent être très difficiles à maîtriser. Les animaux qui ne courent pas assez vite sont piégés par les flammes.

Lorsqu'un habitat est détruit, la nourriture et les abris qu'il offrait disparaissent aussi. Cette destruction perturbe l'écosystème, et les animaux ont du mal à survivre. Le moindre déséquilibre dans un écosystème met en danger tous les organismes qui en font partie. Des animaux qui ne sont pas en danger immédiat peuvent ainsi se retrouver menacés à l'avenir.

Les koalas sont particulièrement touchés par les feux de forêt. Ils font partie des espèces vulnérables et les feux continuent à ravager d'immenses étendues de leurs territoires naturels, et à les tuer en grand nombre.

Maladies et pesticides

Maladies

Elles touchent durement certaines espèces, les entraînant vers l'extinction.

Une maladie peut contaminer un grand nombre d'animaux en très peu de temps ; on parle alors d'épidémie.

Le virus du Nil occidental, transmis par les moustiques, a tué des millions d'oiseaux. Environ 45% des corneilles d'Amérique ont disparu à cause de lui.

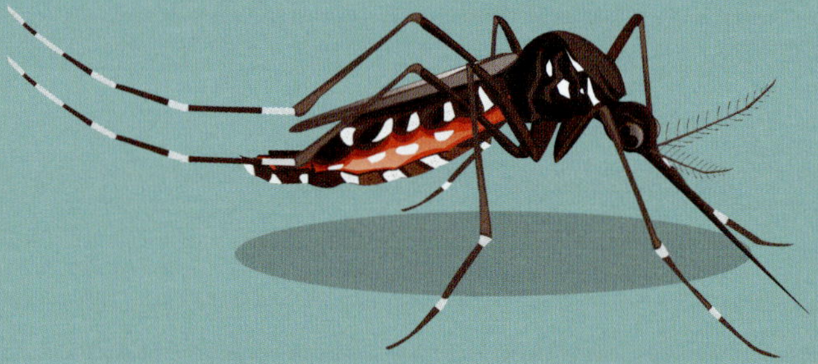

Cette maladie menace d'extinction des oiseaux rares. Certaines espèces, comme le condor de Californie, ont été vaccinées contre la maladie.

La maladie à virus Ebola est plus mortelle pour les gorilles que pour les hommes. Elle a déjà tué **des milliers de gorilles**.

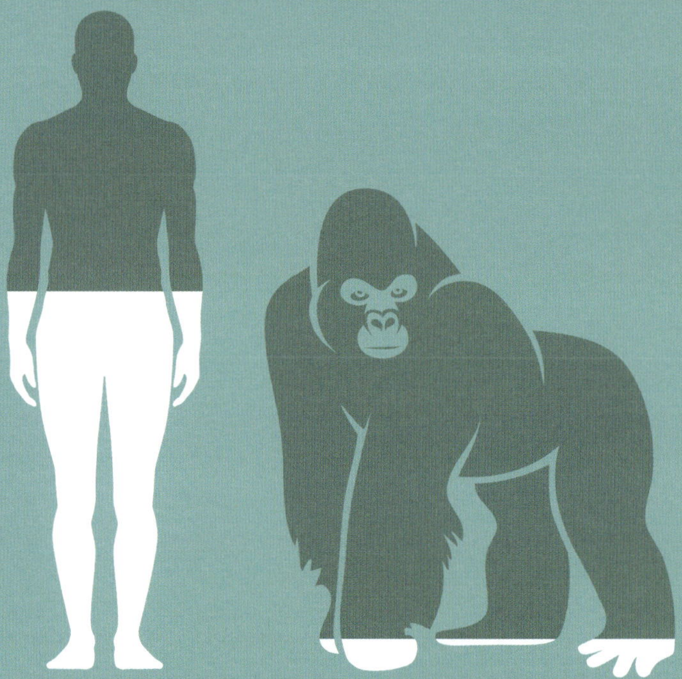

Hommes : 50% de chances de survivre à Ebola.

Gorilles : 5% de chances de survivre à Ebola.

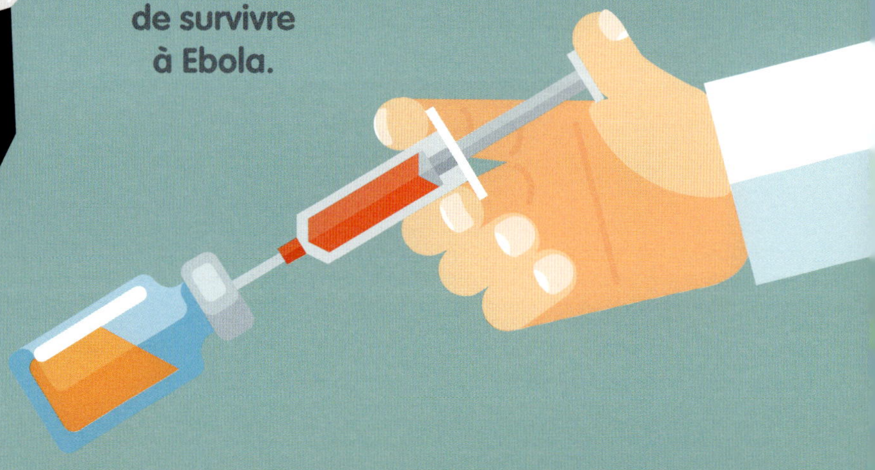

Les pesticides

Les pesticides sont des produits chimiques qu'on répand sur les cultures pour tuer les animaux et les insectes qui s'en nourrissent. Les agriculteurs font ainsi de meilleures récoltes.

Mais les pesticides sont nocifs pour les animaux, et mettent des espèces entières en danger.

Les pesticides nuisent à la reproduction de certains animaux comme les chauves-souris, les oiseaux et les grenouilles. Ils peuvent aussi provoquer des maladies, comme le cancer par exemple.

Un pesticide appelé le DDT a particulièrement affecté l'aigle pêcheur.

1) Le produit était pulvérisé directement dans la terre des champs.

2) Il se répandait ensuite dans les rivières, où les poissons l'avalaient.

3) Les aigles pêcheur mangeaient les poissons et avalaient donc le DDT.

4) À cause du DDT, les aigles pêcheurs pondaient des œufs à la coquille trop fine : leurs petits mouraient avant d'éclore.

5) Le nombre d'aigles pêcheurs a rapidement diminué.

L'extinction

Sans l'action des hommes, les animaux s'éteignent naturellement sur Terre. C'est le taux normal d'extinction.

Le taux actuel d'extinction dépasse largement le taux normal. Les hommes ont un impact négatif sur la nature.

L'extinction la plus célèbre est celle qui a frappé les dinosaures. Ils ont disparu il y a environ 65 millions d'années ! Les scientifiques pensent qu'un changement climatique, des maladies ou une <u>météorite</u> qui aurait heurté la Terre, ont causé leur extinction.

Le phoque moine des Caraïbes, chassé pour sa peau et pour sa graisse, dont on faisait de l'huile, est déclaré éteint depuis plusieurs années.

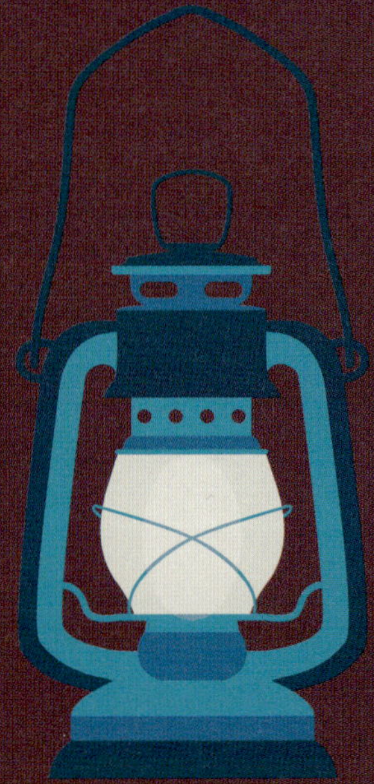

Cette huile était utilisée pour la cuisine et l'éclairage des maisons.

La perte d'habitat, les maladies et la chasse ont entraîné l'extinction de la tourte voyageuse. L'espèce comptait autrefois des milliards de spécimens en Amérique du nord, mais elle a disparu depuis plus de 100 ans.

Les populations de tigres ont diminué ces dernières années. Eux aussi ont été chassés et ont perdu leur habitat. Le tigre de Bali s'est éteint vers 1940.

150-200

Entre 150 et 200 espèces s'éteignent CHAQUE JOUR, un nombre presque 100 fois plus important que le taux normal d'extinction.

1 000 000

Des études laissent penser qu'un million d'espèces végétales et animales pourraient s'éteindre au cours des 50 prochaines années à cause de la disparition de leurs habitats.

Sauvés !

Le panda géant vient de passer de la catégorie « en danger » à la catégorie « vulnérable ». Sa population a augmenté au cours des 15 dernières années. C'est l'un des plus grands succès enregistrés aujourd'hui !

2002 : environ 1 590 pandas géants en Chine

2017 : plus de 1 860 pandas géants en Chine

Les tentatives pour élever des pandas géants en captivité datent de 1955, mais les naissances restent rares. Ming Ming, le premier panda né en captivité en 1977, est morte à 34 ans, un âge record pour les pandas géants !

En 2017, la femelle Huan Huan et le mâle Yuan Zi ont donné naissance à un bébé Panda au zoo de Beauval en France.

En 1930, il ne restait plus que 20 à 30 tigres de Sibérie dans le monde. Grâce à la lutte contre le braconnage, cette espèce est passée de « en danger critique » à « en danger ». Il y a aujourd'hui environ 500 tigres de Sibérie qui vivent dans la nature.

En 1987, victime d'une maladie, le furet à pattes noires a été déclaré « éteint à l'état sauvage ». Les efforts de conservation accomplis dans les zoos ont permis de faire augmenter la population des furets et il est aujourd'hui classé « en danger ».

La grue blanche, déclarée « en danger » pourrait progresser vers la catégorie « vulnérable », car on a constaté une augmentation de sa population. Ses effectifs sont encore très réduits, mais ils sont tout de même passés de **20 à 600** environ en moins de 100 ans.

EN DANGER CRITIQUE
EN DANGER
VULNÉRABLE

L'oryx arabe est une espèce d'antilope. Chassées pour leurs cornes, ces antilopes étaient au bord de l'extinction. Le dernier oryx arabe sauvage a été tué vers 1972. Les animaux élevés en captivité ont été suivis et réintroduits dans la nature.
Le succès de ce programme a fait **gagner trois places** à l'oryx arabe dans le classement des animaux menacés.

La protection des animaux

Il est essentiel que les animaux soient protégés partout dans le monde pour que la population des espèces menacées puisse augmenter.

Les zoos et les parcs naturels prennent soin des espèces menacées et veillent à leur sécurité. Lorsqu'ils ont l'âge de se reproduire, les animaux bénéficient de programmes d'élevage qui contribuent à faire augmenter l'espèce.

Un éléphant mâle de Chine, par exemple, peut être envoyé en Grande-Bretagne pour s'accoupler avec une femelle. Leur petit peut ensuite partir dans une autre région du monde.

Le centre De Wildt Cheetah & Wildlife à Magaliesberg, en Afrique du Sud, a été créé en 1971 pour protéger les guépards, déclarés vulnérables par l'UICN. Plus de 800 petits ont vu le jour au centre. Ces efforts ont multiplié le nombre de guépards.

800 naissances depuis 1971 !

La chasse et la destruction de leur habitat a fait chuter la population des antilopes bongos. Des programmes d'élevage ont alors été lancés. Les bongos ont ensuite été réintroduits dans la nature et leur espèce a pu augmenter de nouveau.

1 arbre = 1 parc national

Des parcs nationaux et des réserves naturelles ont été créés dans le monde entier pour offrir des lieux de vie sûrs aux animaux. Ces territoires sont protégés par la loi : la déforestation, le braconnage et les programmes de construction y sont interdits.

200 000

Il y a environ 200 000 zones d'habitat protégé dans le monde. Elles couvrent environ :

14,6% de la superficie terrestre

2,8% des océans du monde.

Des organisations œuvrent partout dans le monde pour lutter contre les activités humaines néfastes aux animaux.

Parmi ces organisations, on peut citer :

- La FCPN, Fédération Connaître et Protéger la Nature
- L'ASPAS, Association pour la Protection des Animaux Sauvages
- La SNPN, Société Nationale de Protection de la Nature
- Le WWF (World Wilde Fund for Nature)

Un moyen efficace de protéger les rhinocéros et les éléphants consiste à injecter dans leurs cornes et leurs défenses un produit qui les teint en rose. Elles perdent alors de la valeur et intéressent moins les braconniers.

Qu'est-ce que je peux faire ?

Tu ne le sais peut-être pas, mais des habitats naturels, il y en a partout autour de toi !

Dans la terre de ton jardin, il y a des plantes qui poussent.
Les lapins se nourrissent de ces plantes.
Serpents, faucons et renards mangent ces lapins.
C'est important de prendre soin de tous les habitats car la destruction d'un habitat peut affecter des animaux appartenant à d'autres habitats.

Il y a plein de façons de contribuer à la sauvegarde des animaux et de leur environnement :

Renseigne-toi sur les espaces naturels de ta région et vois si tu peux aider les associations qui travaillent à la conservation de la nature et la protection des animaux.
Une forme de bénévolat possible consiste à veiller sur les habitats ou surveiller les populations des espèces animales locales.

Essaie de rendre ton jardin accueillant en y faisant pousser des plantes qui offrent abri et nourriture aux animaux.

Explique à tes amis et à ta famille l'importance de protéger les animaux et leurs habitats. Plus il y aura de gens bien informés, mieux ça vaudra.

Essaie de recycler le plastique pour qu'on ait moins besoin d'en fabriquer. En réduisant notre consommation de plastique, on réduira aussi la quantité des déchets qui se retrouvent dans nos océans.

Plante un arbre ! Les arbres absorbent certains des gaz à effet de serre responsables du changement climatique. Plus on pourra planter d'arbres, mieux ce sera.

Organise avec des adultes une opération ramassage des déchets. Les animaux confondent facilement les détritus avec de la nourriture. Nettoyer ton environnement local, c'est aider les espèces qui y vivent.

Activité

Consulte la liste rouge de l'UICN et choisis un animal classé dans les catégories « en danger » ou « en danger critique » d'extinction.

Fais une recherche pour recueillir un maximum d'informations sur cette espèce, sur son habitat, sur les zones du monde où elle vit.

Interroge-toi sur les facteurs qui font qu'elle est aujourd'hui menacée. S'agit-il de causes naturelles ou liées aux activités humaines ? Comment ont-elles affecté cette espèce et son habitat ?

Essaie de trouver s'il y a des actions menées pour la sauvegarde de l'espèce. Et toi, tu as des idées sur les moyens de la protéger ?

Réalise un poster qui retrace l'histoire de ton animal, avec tous les détails que tu as découverts.

Suggestion : dessine ton animal au centre du poster, en disposant les informations autour de lui.

Glossaire

Captivité	privé de liberté et maintenu dans un lieu fermé, un zoo par exemple.
Chaîne alimentaire	suite d'êtres vivants dans laquelle chacun est mangé par celui qui le suit ; la plante est mangée par le lapin qui est mangé par le renard, etc.
Combustibles fossiles	produit que l'on brûle pour obtenir de l'énergie. Le charbon, le pétrole ou le gaz naturel, qui se sont formés il y a des millions d'années à partir de plantes et d'animaux accumulés et décomposés, en font partie.
Conservation	action de veiller sur une espèce, d'en prendre soin, de la protéger.
Coraux	ensembles d'organismes marins aux couleurs vives.
Cultures	plantes qu'on fait pousser à grande échelle généralement pour l'alimentation.
Écosystème	ensemble naturel formé par une communauté d'être vivants et le milieu dans lequel ils vivent.
Espèce	groupe d'animaux ou de végétaux très semblables, capables de se reproduire entre eux et de donner naissance à des individus qui leur ressembleront également
Facteurs externes	éléments qui influencent une situation sans que les hommes ou les animaux concernés n'en soient la cause.
Feux de forêt	feux qui ravagent des terres rurales.
Inhospitalier	qui n'est pas accueillant.
Mammifères	animaux au sang chaud, dotés d'une colonne vertébrale, et qui produisent du lait.
Marée noire	nappe de pétrole ou d'hydrocarbure déversée dans la mer suite au naufrage ou à l'endommagement d'un pétrolier.
Météorite	bloc de roche qui pénètre dans l'atmosphère sans être détruit.
Minières (activités)	fait d'extraire des produits de la terre, par exemple du charbon.
Néfaste	qui peut faire du mal.
Nocif	qui est dangereux.
Organes	parties d'un organisme qui jouent un rôle spécifique et important.
Organisme	être vivant.
Prédateurs	animaux qui chassent les autres pour se nourrir.
Reproduire (se)	donner naissance à des petits.
Réserves	territoire où les plantes et les animaux sont protégés.
Sous-espèce	membres d'une même espèce qui présentent des ressemblances plus marquées entre eux et qui vivent en général dans un même lieu isolé.
Substance	matière ayant des propriétés physiques.
Toxique	qui peut rendre malade voire tuer les organes des être vivants.
Traditionnel	lié à des pratiques ou des croyances très anciennes.
Tropical	chaud et humide ; le climat tropical de la forêt amazonienne par exemple.
Vaccination	traitement (vaccin) administré pour protéger contre une maladie.

Index

IMPRIM'VERT®

Imprimé en France par SEPEC à Péronnas
N° d'imprimeur : 07012171122- Dépôt légal : janvier 2018
N° d'édition : 74651651-01